일을 해야 인생이 즐거워진다는 걸 가르쳐 준 독일 출신 아버지 길버트 조던께 재니스 시펠먼

내게 영감을 주는 오페라 가수이자 화가인 어머니 마덜린 시펠먼께 톰 시펠먼

· 이 이야기에 나오는 사건들은 모두 실제로 일어났던 것이지만,
  하이든의 생각과 인물들의 대화는 자료를 바탕으로 지어낸 것들입니다.

오스트리아 로라우 (1737년)

많은 사람들이 나를 '파파 하이든'이라고 부르지만
처음부터 그렇게 불렸던 것은 아니에요. 부모님은 내 이름을
'프란츠 요제프 하이든'이라고 지었고, 집에서는 나를 '제페를'이라고 불렀지요.
어느 날 우리 집에 찾아온 손님이 내 인생을 완전히 바꿔 놓았답니다. 그분은
하인부르크에서 아이들을 가르치며 성가대를 지휘하던 아버지의 사촌이었어요.
저녁을 먹은 뒤, 다 같이 민요를 불렀어요. 아버지는 수레바퀴를 만드는
목수였는데 취미로 하프를 연주했지요. 나는 나무 막대기를 들고
바이올린을 켜는 시늉을 하며 노래를 불렀어요.
그러자 삼촌(아버지의 사촌을 이렇게 불렀어요)이 말했어요.
"마티아스, 자네 아들 요제프는 목소리가 아름답고 박자를 잘 맞추는군.
내가 하인부르크로 데려가 제대로 음악을 가르쳐 보면 어떨까?"
아버지는 나를 쳐다보며 물었어요.
"제페를, 네 생각은 어떠니?"
내가 살고 있던 작은 마을을 떠나 본 적이 없었던 나는 그 말을 듣자 신이 났어요.
그래서 얼른 대답했지요.
"가고 싶어요."

그리하여 겨우 다섯 살이었던 나, 프란츠 요제프 하이든은
집을 떠났고, 다시는 돌아오지 않았어요.
부모님을 뵈러 잠깐씩 들르긴 했지만요.

너른 들판을 지나니 완만한 언덕들이 나타났고,
그 사이로 난 길을 따라가자 다뉴브 강이 나왔어요.
다뉴브 강가에는 성벽으로 둘러싸인 하인부르크가 자리하고 있었지요.
내가 살던 마을과 비교하면 엄청나게 큰 도시였어요.

"삼촌, 건물이 굉장히 많네요. 너무 신기해요."
"그렇지?"
성문 안으로 들어서자 길가에 연립 주택이 줄지어 서 있었어요.
우리는 멀리 보이는 첨탑으로 향했고, 교회 앞 광장을 지나자마자 말에서 내렸어요.
"요제프, 여기가 네가 살게 될 집이란다. 학교는 바로 옆이야."

안으로 들어가니 어린 친척 동생 둘이 더러운 바닥을 기어 다니고 있었어요.
식탁을 차리고 있던 율리아나 숙모가 우리를 발견하고서 고개를 까딱했지요.
저녁으로 먹은 것이라고는 맛없는 귀리죽 조금뿐이었어요.
그날 밤 잠자리에 누우니 깨끗한 우리 집으로 돌아가
엄마가 만든 만둣국을 먹고 싶었어요.
부모님은 왜 나를 이런 곳에 보내신 걸까요?

몇 주가 흐르자, 고향 집은 떠올릴 겨를도 없는 추억이 되었답니다.
학교에서는 라틴어와 성경, 글짓기, 수학을 배웠어요.
점심을 먹고 나면 합창 연습을 하고 음악 수업을 들었고요.
삼촌이 먼저 피아노와 바이올린을 어떻게 연주하는지
시범을 보여 주면, 나 혼자 연습했지요.

성주간 행진에서 우리 합창단이 공연을 하게 되었어요.
그런데 공연 이틀 전 팀파니 연주자가 세상을 뜨고 말았어요.
"요제프, 네가 팀파니를 맡으렴."
삼촌이 팀파니 치는 법을 보여 주었고, 나는 혼자 연습했어요.
내 몸집이 너무 작았기 때문에 꼽추가 팀파니를 짊어지고 내 앞에 섰지요.
사람들이 우리를 보고 웃으며 격려해 주었어요.

2년이 지난 어느 날, 빈에 있는 성 슈테판 대성당의 성가대 지휘자가 하인부르크에 왔어요.
새 단원을 뽑으러 왔대요. 나는 거기 뽑히기로 굳게 결심했어요.
상상해 보세요! 오스트리아의 수도인 빈에서 살면 얼마나 좋을까요?

"저 아이 노래를 들어 봅시다." 성가대 지휘자인 로이터 선생님이 나를 가리켰어요.

앞으로 나가자 로이터 선생님이 악보를 한 장 내밀며 물었어요. "애야, 이걸 읽을 수 있겠니?"

나는 악보를 받아 들고 노래를 불렀지요.

"좋아, 목소리가 참 좋구나. 그런데 트릴은 할 줄 아니?"

"모릅니다. 저희 삼촌도 그건 모를걸요."

"그럼 내가 시범을 보이마." 로이터 선생님이 웃음을 터뜨린 뒤, 입을 벌렸어요.

"노래하면서 목의 가장 윗부분을 떨어야 한단다. 이렇게 말이야."

로이터 선생님을 따라 입을 벌리고 트릴을 해 보았어요. 한 번, 두 번, 세 번째에야 겨우 해냈어요.

"아주 잘했다. 상으로 체리를 주마."

선생님은 내 호주머니에 체리를 한 사발 부어 주었어요.

"나와 함께 빈에 가겠니?"

"네, 물론이죠."

"그럼 너희 부모님께 여쭤 보자꾸나."

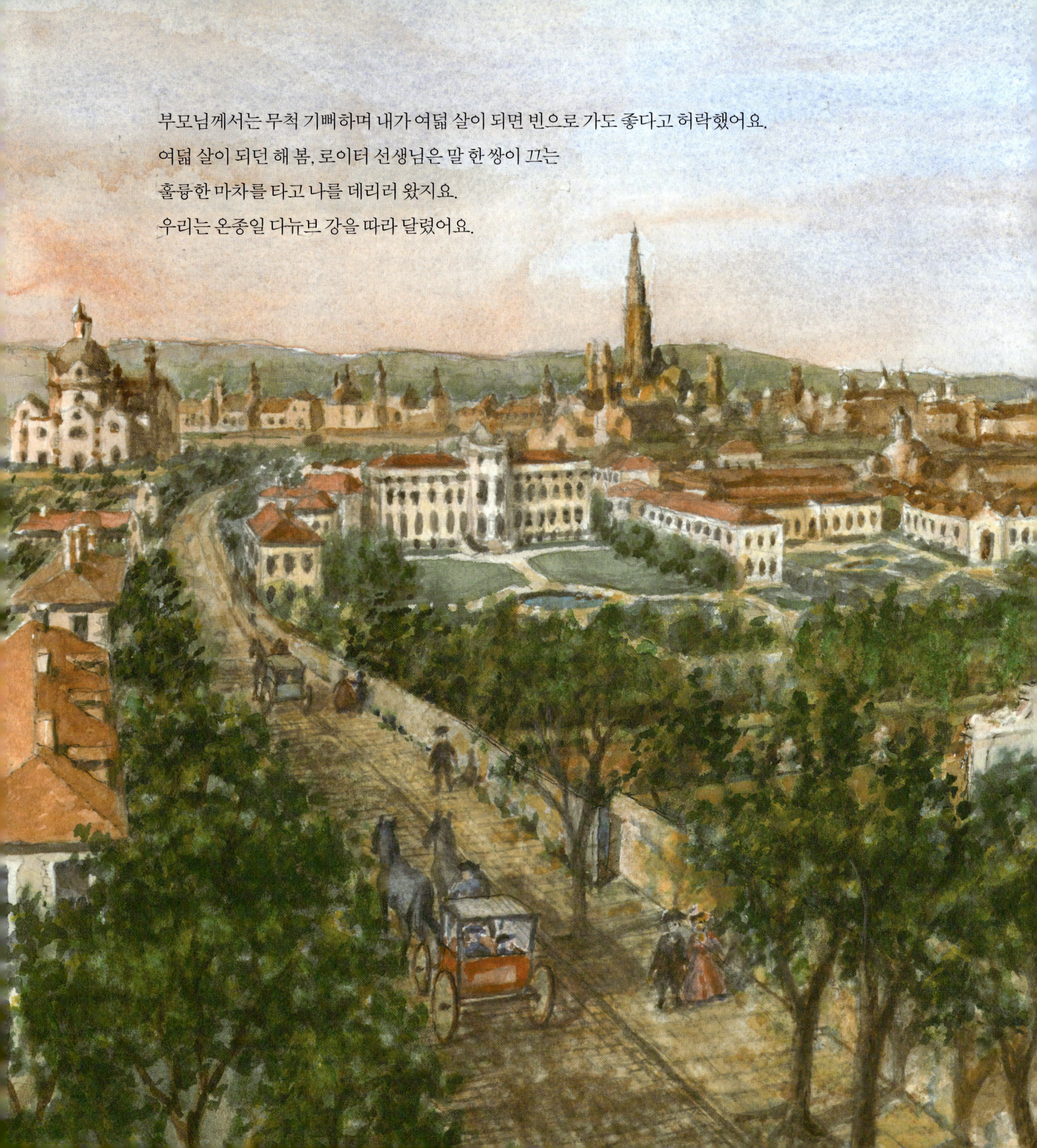

부모님께서는 무척 기뻐하며 내가 여덟 살이 되면 빈으로 가도 좋다고 허락했어요.
여덟 살이 되던 해 봄, 로이터 선생님은 말 한 쌍이 끄는
훌륭한 마차를 타고 나를 데리러 왔지요.
우리는 온종일 다뉴브 강을 따라 달렸어요.

해가 질 무렵, 드디어 빈이 눈앞에 나타났어요.
그렇게 많은 돔과 첨탑을 처음 본 나는
감격한 목소리로 물었어요.
"가장 높은 저 첨탑이 성 슈테판 대성당인가요?"
"그렇단다."

멀리서 봤을 때는 성 슈테판 대성당의 첨탑이 막연히 높아 보였는데 가까이서 보니 정말 하늘나라까지 닿을 만큼 까마득했어요. 대성당 바로 옆에는 집이 한 채 있었는데, 바로 그 집이 그날부터 내가 지낼 곳이었어요. 나는 작은 방에서 다른 성가대 단원 다섯 명과 함께 지냈어요. 로이터 선생님과 다른 연주자들도 그 집에서 같이 살았고요.

우리는 합창 수업을 받고, 연습을 하고, 공연을 했어요.
하지만 곡을 만드는 법은 아무도 가르쳐 주지 않았지요.
내가 정말 간절히 배우고 싶었던 건 작곡이었는데 말이에요.
그래서 나는 음악을 주의 깊게 들으며 혼자 공부하기 시작했답니다.
음표로 공책을 꽉 채우고 싶어서 악기를 열여섯 개나 쓰는 곡을 만들어
로이터 선생님께 보여 드리자 선생님이 웃음을 터뜨렸어요.
"먼저 악기 두 개부터 시작해 곡 쓰는 법을 배워야지.
그리고 나서야 열여섯 개짜리 곡을 쓸 수 있단다."
"그럼 가르쳐 주세요, 선생님."
"어이쿠, 일이 워낙 많아야지. 요제프, 나는 바쁘단다."

아홉 살 때, 안토니오 비발디의 장례 미사에서 우리 성가대가 노래를 불렀어요.
성당에는 몇 사람밖에 오지 않았지요. 사람들에게 잊혀져 가난 속에 죽다니, 너무 슬펐어요.
나는 절대 잊히지 않을 음악을 만들겠다고 다짐했어요.
누군가 날 가르쳐 준다면 말이에요.

어느 날 우리 성가대는 마리아 테레지아 여제의 새 여름 궁전에 초대받았어요.
아직 공사가 끝나지 않아 한쪽 벽에는 공사용 받침대가 남아 있었지요.
공연을 마친 우리는 밖에서 로이터 선생님을 기다리고 있었어요.
"저기 올라가 보자." 나는 공사용 받침대에 오르기 시작했어요.
다들 벽에 붙은 파리처럼 기어 오르자 웬 여자가 소리를 꽥 질렀어요.
"당장 내려와! 말썽꾸러기들 같으니!"
그 여자가 바로 마리아 테레지아 여제였어요.

내가 열여섯 살이 되던 해, 동생 미하엘도 우리 성가대에 들어왔어요.
처음에는 기뻤지만 그 마음은 오래가지 않았어요.
어느 일요일, 나는 평소처럼 독창을 맡았고 마리아 테레지아 여제는 맨 앞에 앉았어요.
노래를 시작하자 목소리가 갑자기 갈라지더니 원래 음에서 벗어나고 말았어요.
"하이든은 이제 안 되겠어. 수탉처럼 꽥꽥대잖아."
마리아 여제의 말에 나는 보이 소프라노를 그만두었고, 미하엘이 내 자리를 차지했지요.
여제는 미하엘을 칭찬하며 금화 스물네 개를 내렸어요. 나는 질투에 휩싸였어요.

하루는 미사 때 부를 노래를 연습하는데 머리를 길게 땋은 남자아이가 내 앞에 앉았어요.
그 아이가 몸을 움직일 때마다 땋은 머리가 '나를 잘라 줘' 하고 속삭이듯 흔들렸어요.
그래서 그 말을 따랐지요.

"요제프, 손을 내밀어라. 회초리로 맞아야겠구나." 로이터 선생님은 버럭 소리를 질렀어요.
더 이상 어린아이가 아니었던 나는 로이터 선생님의 눈을 똑바로 쳐다보았어요.
"차라리 학교를 나가고 말죠."
로이터 선생님은 잠시 나를 빤히 바라보았어요. "그래? 그럼 손부터 내밀어라. 그런 다음 내쫓아 주마!"
로이터 선생님은 내 손을 움켜잡더니 앞으로 잡아당기고서 찰싹찰싹 때렸어요. "이제 당장 나가."

소지품을 챙겨 길거리로 나왔는데 외투가 얇아 몸이 덜덜 떨렸어요.
나는 돈을 받을 만큼 노래를 잘하거나 바이올린을 잘 켜지 못했지요.
작곡한 곡들도 쓸 만한 게 없었고요. 이대로 인생이 끝난 것만 같았어요.
가로등 불빛 속을 걷다가 마침 아는 얼굴을 만났어요.
성악가면서 교사로 일하는 슈펭글러 씨였지요.
"요제프, 이렇게 추운 밤에 밖에서 뭘 하고 있는 거야?"
"바보 같은 장난을 치는 바람에 로이터 선생님에게 쫓겨났어요."
"그분은 남 생각이라고는 안 하는 분이지. 우선 우리 집으로 가자."
슈펭글러 씨가 내 팔을 잡아끌었어요.

봄과 함께 새로운 희망이 찾아왔어요.
아버지 친구분께서 150플로린을 빌려주셨거든요.
그 돈으로 다락방을 빌리고, 벌레 먹은 피아노를 샀어요.
위대한 작곡가들의 음악을 연주하고 공부하면서 직접 곡도 썼어요.
하루하루 먹고살기 위해 피아노를 가르쳤고요.

피아노를 가르치던 학생 가운데 이탈리아에서 온 작곡가 니콜라 포르포라에게
성악을 배우는 학생이 있어서 교습을 받을 때 반주를 해 주었지요.
나는 멜로디의 대가 포르포라에게 작곡을 가르쳐 달라고 부탁했어요.
늙은 곰처럼 생긴 포르포라가 물었어요.
"자네, 구두 닦을 줄 아나? 옷이나 가발 정리는?"
"다 잘합니다. 어머니에게 배웠거든요."
"그럼 자네를 고용하지. 마침 하인이 필요했거든."
포르포라는 작곡을 가르쳐 주고 자신의 제자들도 소개시켜 줬어요.
그때부터 음악을 연주해 달라는 부탁도 받기 시작했답니다.

나는 피아노 교습을 계속했어요. 가발 제조업자인 켈러 씨의 딸
마리아 안나와 테레제에게도 피아노를 가르쳤지요.
동생인 테레제가 더 예뻤어요. 나는 곧 테레제와 사랑에 빠졌답니다.

그 무렵 내 인생이 또다시 바뀌었어요. 모르친 백작이
자신의 악단을 위해 곡을 쓰고, 지휘해 달라고 부탁한 거예요.
그래서 나는 모르친 백작을 위해 첫 번째 교향곡을 썼고,
직접 그 곡의 연주를 지휘했어요.
연주가 끝나자 청중들의 환호를 받았지요!

상당한 돈을 벌게 되자 테레제에게 청혼할 수 있었어요.
그런데 퀼러 씨가 날벼락 같은 소식을 전했어요.
"여보게, 요제프, 테레제는 수녀가 되기로 했다네.
하지만 우리에겐 딸이 한 명 더 있지."
마리아 안나를 사랑하지 않았지만, 그녀와 결혼하면 테레제와 한가족이 되겠지요.
그리하여 11월의 어느 추운 날, 나와 내 음악에 관심이 없는 마리아 안나와 결혼했어요.

그런데 얼마 뒤 경제적으로 어려워진 모르친 백작이 악단을 없앴지요.
나는 일자리를 잃었고, 결혼 생활도 행복하지 않았어요.

절망에 빠져 있는 나를 안톤 에스테르하지 공작이
아이젠슈타트에 있는 자기 성으로 불렀어요.
"하이든 씨, 내 궁정 악단에 지휘자 겸 작곡가가 필요한데
사람들이 다들 당신을 추천하더군요."
"공작님, 최선을 다하겠습니다."
내 가슴은 기뻐서 두근두근 떨렸어요.

안톤 에스테르하지 공작은 나를 마음에 들어 했어요.
1년이 채 안 되어 공작이 세상을 떴지만,
동생 니콜라우스 에스테르하지 공작도 나를 계속 고용했어요.
이제 나는 작곡과 지휘에 악기를 관리하고 연주자들까지 챙겨야 했어요.
이때 함께 일하던 연주자들이 나를 '파파'라고 부르기 시작했지요.

니콜라우스 에스테르하지 공작은 여름마다
빈에서 멀리 떨어진 시골 영지로 거처를 옮겼어요.
악단도 따라가야 했지만, 가족은 데려올 수 없었어요.
공작은 때때로 가을까지도 그곳에 머물렀지요.

하루는 바이올린 연주자가 나를 붙들고 하소연했어요.

"파파, 빈으로 돌아가자고 공작님을 설득해 주세요. 여기 온 지 벌써 반년이나 지났다고요."

"말씀이야 드려 보겠지만, 모시는 분께 이래라저래라 할 수는 없지."

순간 좋은 생각이 떠올랐어요. 음악으로 설득해 봐야겠다는 것이었지요.

그래서 나는 '고별 교향곡'을 작곡해 공작에게 들려주었어요.

곡의 막바지에 이르자 연주자들은 차례로 연주를 끝내고 앞에 놓인 촛불을 끈 다음,

악기를 옆에 끼고 밖으로 나갔지요. 마침내 넓은 홀에는 나 혼자 남았어요.

공작은 내 뜻을 알아챘고, 다음 날 우리는 빈으로 떠날 수 있었답니다.

나는 빈에서 젊은 천재 볼프강 모차르트도 만났어요. 우리는 나이를 떠나 친구가 되었지요.
모차르트는 나를 '파파'라고 불렀고, 나는 그를 '볼페를'이라고 불렀어요.
우리는 함께 밤거리를 걷곤 했어요. 한번은 모차르트가 이렇게 말했어요.
"나도 파파처럼 후원자가 있으면 얼마나 좋을까요. 너무 가난해서 힘이 들거든요."
"누군가의 밑에서 일하기에 자네는 너무 거침없어, 볼페를.
나만 해도 뭐든 허락받아야 하는 게 지겨운걸. 나는 자네의 자유가 부럽다네."
"그래도 나는 파파의 수입이 부러워요."

시간이 흘러 온 유럽에 내 음악이 알려졌지만 나는 세상과 동떨어져 외톨이가 된 기분이었죠.
공작은 한 해의 대부분을 시골에서 보냈고 나는 거기서 벗어나고 싶었거든요.

기회는 갑자기 찾아왔어요. 공작이 세상을 뜬 거예요. 뒤를 이은 공작의 아들은
음악을 좋아하지 않았어요. 그래서 나는 바라던 대로 빈으로 돌아올 수 있었답니다.
내가 돌아왔다는 소문이 여기저기 퍼졌는지 하루는 낯선 손님이 우리 집을 찾아왔어요.
"저는 런던에서 온 잘로몬이라고 합니다. 선생님을 모시러 왔습니다."
잘로몬은 바이올린 연주자인데 연주회를 기획하기도 했어요. 자신이 기획한 연주회에서
상연할 곡을 써 달라고 부탁했지요. 마침내 세상 구경을 할 수 있게 된 거예요.
나는 잘로몬과 함께 영국으로 가기로 했어요. 아내는 빈에 남기로 했고요.

영국 사람들이 내 음악을 무척 좋아하자 나는 자신감이 생겨 색다른 곡을 썼어요.
장난스러운 곡이었지요. 숙녀들이 비명을 지르고, 신사들은 의자에서 굴러떨어지는
곡을 쓰고 싶었거든요. 그래서 그 곡은 '놀람 교향곡'이라고도 불려요.
'놀람 교향곡'을 처음 선보인 날에는 내가 직접 지휘를 맡았어요.
현악기들이 부드럽게 연주하고, 같은 멜로디를 한 번 더 부드럽게 연주했어요.
그리고는 잠시 멈추었다가 갑자기…… 쾅! 오케스트라 전체가 화음을 때렸어요.

한번은 영국 왕세자의 파티에 초대되어 조지 3세, 샤를로테 왕비와 인사를 나눴어요.
"하이든 선생, 그동안 참 많은 곡을 썼다지요."
"네, 폐하. 그저 그런 곡을 많이 썼습니다."
"세상은 그렇게 생각하지 않을 거요."
"맞아요. 세상에서 가장 아름다운 곡을 만들었잖아요."
조지 3세와 샤를로테 왕비가 말했어요.
촌놈으로 태어난 내가 영국 왕 부부에게 칭찬을 들으리라고 누가 꿈이나 꿨겠어요?
나만 빼고요!

나중에 일어난 일들

한 번 더 영국에 다녀온 뒤, 하이든은 오스트리아의 빈에 머물며
곡을 쓰고, 연주회를 지휘하며 남은 생애를 보냈어요.
생애 마지막 해인 1809년에는 건강 때문에 계속 누워 지냈지요.
그해 5월, 프랑스의 나폴레옹 황제가 빈에 쳐들어왔어요.
집 근처에 포탄이 떨어져서 지진이 난 것처럼 집이 흔들렸고,
빈은 곧 함락되었어요. 하이든은 나폴레옹을 싫어했지만,
나폴레옹은 하이든의 음악을 매우 좋아했어요.
심지어 병사를 보내 하이든의 집을 지키게 할 정도였지요.
하이든이 음악을 연주하고 싶어 하면,
프랑스 군인은 피아노를 가져다주었고
그 옆에서 하이든의 음악에 귀 기울였답니다.

이 책에 나온 단어들

교향곡 관현악을 위해 작곡한 소나타 형식의 규모가 큰 곡을 말합니다.

궁정 악단 성에 고용되어 귀족들을 위해 음악을 작곡하고 연주하는 사람들입니다.

니콜라 포르포라 이탈리아의 작곡가이자 성악 교사입니다. 주로 오페라를 작곡했고, 파리넬리처럼 유명한 성악가들을 가르친 것으로 유명합니다.

마리아 테레지아 여제 하이든이 살던 시대에 오스트리아와 헝가리를 다스리던 여황제입니다. 프랑스의 유명한 왕비, 마리 앙투아네트의 어머니이기도 합니다.

보이 소프라노 변성기 전 맑은 음색과 높은 음역을 가진 소년이 합창단에서 맡던 역할입니다. 중세에는 교회 음악의 소프라노 부분을 맡았고, 지금은 소년 합창단에서 중요한 멜로디를 맡아 부릅니다.

볼프강 모차르트 오스트리아의 작곡가입니다. 여섯 살 때부터 신동으로 이름나 유럽 여러 나라로 연주 여행을 다녔어요. 일찍 세상을 떠났지만 모차르트가 작곡한 수많은 곡들은 여전히 사랑받고 있습니다.

성가대 하느님의 은혜나 성인을 칭송하는 노래를 부르는 합창단입니다.

성주간 예수님의 수난과 부활을 기념하는 부활절 전의 일주일을 가리킵니다.

소나타 16세기 중반 이후에 발달한 음악 형식입니다. 하나의 악기가 독주를 하거나 몇 가지 악기가 각각의 역할을 맡아 합주하는 음악입니다.

스토리보드 그림책, 영화, 애니메이션 등을 만들 때 중요한 장면들을 그림 또는 사진으로 정리한 계획표입니다.

안토니오 비발디 이탈리아의 작곡가이자 성직자입니다. 빨간색 머리 때문에 '빨강머리 신부'라고 불렸어요. 비발디가 작곡한 '사계'는 세상에서 가장 사랑받는 클래식 중 하나입니다.

여름 궁전 왕이나 귀족들이 더위를 피해 여름 동안 머물기 위해 지은 성을 말합니다.

연립 주택 한 건물에서 여러 가족이 살 수 있도록 만든 건물입니다. 아파트보다 작아요.

오라토리오 성경의 장면을 음악으로 표현한 종교 음악입니다. 오페라와 비슷해요.

오케스트라 바이올린, 팀파니, 오보에 등 여러 가지 악기가 함께 모여 연주하는 것을 말합니다.

장례 미사 죽은 사람을 위한 종교 의식입니다.

첨탑 끝이 뾰족한 탑입니다. 교회나 성 같은 건물에서 주로 볼 수 있습니다.

팀파니 구리와 가죽으로 만든 북입니다. 솥처럼 생겼다고 해서 케틀드럼(kettledrum)이라고도 부릅니다.

트릴 두 음 사이에서 소리를 진동시켜 음을 꾸미는 것을 말합니다.

플로린 네덜란드에서 쓰던 돈의 단위입니다. 유럽 전체에서 공통으로 사용되었대요.

하이든에 대해

하이든은 1732년 오스트리아 로라우에서 태어났습니다.
빈 고전파를 대표하는 음악가 가운데 한 사람이지요.
바로크·로코코 시대의 음악에서 출발해 소나타, 현악 4중주,
교향곡 등 악기를 사용하는 음악의 형식을 완성했어요.
온화하고 장난스러운 성격이어서 많은 사람들과 친구가 되었어요.
모차르트나 베토벤 같은 음악가들에게도 많은 영향을 끼쳤습니다.
100곡이 넘는 교향곡을 작곡해 '교향곡의 아버지'라고도 불리는데,
150개의 관현악곡 외에 오라토리오·오페라도 작곡했어요.
나폴레옹이 한창 오스트리아를 공격하던 1809년에 세상을 떠났습니다.

하이든의 대표작

하이든이 작곡한 많은 곡들은 지금까지도 사랑받고 있답니다.
이 책에 나온 '고별 교향곡'과 '놀람 교향곡'도 들어 보세요.
유쾌하고 장난기 넘치는 하이든을 음악 속에서 만날 수 있을 거예요.

♪ 교향곡 제45번 F#단조 '고별'
♪ 교향곡 제94번 G장조 '놀람'
♪ 교향곡 제101번 D장조 '시계'
♪ 현악 4중주곡 제67번 '종달새'
♪ 오라토리오 '천지창조'
♪ 오라토리오 '사계'

하이든의 흔적을 찾아서

톰과 나는 이 책의 자료 조사를 위해 2주 동안 빈에 머물렀어요.
하이든과 관련된 다른 지역은 기차나 버스를 타고 찾아다녔지요.
가장 힘들었던 것은 에스테르하지 공작의 성을 찾는 일이었어요.
비가 내려 쌀쌀한 11월에 우리는 기차를 타고 국경을 넘어
페르퇴드라는 헝가리의 작은 마을에 내렸지요.
일단 내리긴 했지만 어디가 어디인지 도무지 알 수 없었어요.
기차역 대신 서 있는 오두막 문을 두드리자 턱수염을 기른 엄숙해 보이는 남자가 나왔어요.
헝가리어로 "Kastely(성)?"라고 묻자 손을 들어 멀리 어딘가를 가리켰지요.
마을 중심을 벗어나 한참 걸으니 '헝가리의 베르사유'가 나타났어요.
연철 대문 안으로 들어서서 드넓은 앞뜰을 지나 중앙 계단으로 올라갔어요.
계단 아래에서 문을 닫았다는 알림판을 발견했어요.
하지만 출입문이 살짝 열려 있어 안으로 들어갈 수 있었지요.
문들은 전부 잠겨 있었고 톰은 새 신발 때문에 발이 아프다고 했어요.
얼마 지나지 않아 우리를 발견한 경비가 나가라고 했지만
대서양을 건너온 데다 기차표에만 100달러를 쓴 뒤라 쫓겨날 마음이 없었어요!
결국 경비가 먼저 포기했지요. 그리고 때마침 한 젊은이가 계단을 내려왔어요.
나는 톰의 스토리보드를 꺼내 그림을 보여 주며 원하는 것을 설명했어요.
젊은이는 내 뜻을 알아채고 사람을 부르러 갔어요. 곧 큐레이터가 열쇠 꾸러미를 든
경비와 함께 왔지요. 드디어 잠겨 있던 문을 열고 장엄한 음악실로 들어갔어요.
하이든이 최초로 '고별 교향곡'을 지휘했던 바로 그 음악실 말이에요.
자료 사진을 찍은 뒤, 마지막 기차를 타려고 서둘러 역으로 향했어요.
기차에 올라타자 길을 가르쳐 주었던 남자가 미소를 지으며 손을 흔들었지요.
그 마을에서 누군가 우리에게 미소를 보낸 건 그때가 처음이었어요.
그러나 성에서 바라던 걸 찾았으므로 상관없었답니다.

• 재니스 시펠먼

글쓴이 재니스 시펠먼은 텍사스 주 댈러스에서 성장했습니다. 아버지가 책을 많이 읽어 준 덕분에
어릴 적부터 책과 사랑에 빠졌습니다. 작가가 되기 전에는 교사와 사서로 일하기도 했답니다.
자기 가족 이야기에서 영감을 얻어서 쓴 첫 책『텍사스라 불리는 천국』으로 텍사스 블루보닛 상을 받았습니다.
지은 책으로 남편 톰과 만든『빨강머리 음악가 비발디』『어느 행상인의 꿈』『소피의 전쟁』등이 있습니다.

그린이 톰 시펠먼은 워싱턴 주 시애틀에서 어린 시절을 보냈습니다.
『로빈 후드』와 같은 고전 그림책들이 가득한 서재가 집에 있어서, 고전들의 내용을 글로 읽기도 전에
그림으로 알고 있었답니다. 여러 권의 어린이 책에 그림을 그리며 건축가로도 활동하고 있습니다.
아내 재니스와 함께 만든 책들로『빨강머리 음악가 비발디』등이 있습니다.

옮긴이 이혜선은 전라남도 진도에서 태어났습니다. 전남대학교 국문학과를 졸업했고,
지금은 전문 번역가로 일하고 있습니다. 그동안 옮긴 책으로는『빨강머리 음악가 비발디』
『하늘이 선물한 목소리 마리아 칼라스』『노란궁전 하품공주』『Lost!』등이 있습니다.

꿈꾸는 음악가 파파 하이든

글쓴이 재니스 시펠먼　**그린이** 톰 시펠먼　**옮긴이** 이혜선
펴낸이 김서영　**펴낸곳** 토마토하우스
등록 2005년 8월 4일(제406-2005-000027호)
주소 413-120 경기도 파주시 광인사길 37
홈페이지 www.sonyunhangil.co.kr　**페이스북** facebook.com/sonyunhangil
블로그 hangilsa.tistory.com　**전자우편** sonyunhangil@hangilsa.co.kr
전화 031-955-2012　**팩스** 031-955-2089

Papa Haydn : Boy with a Dream
Copyright Text & Illustrations © 2014 by Tom and Janice Shefelman
All rights reserved.
No part of this book may be used or reproduced in any manner whatsoever without
written permission except in the case of brief quotations embodied in critical articles
or reviews. Korean translation copyright © 2015 by Tomato House.
This Korean edition is published by arrangement with
Tom and Janice Shefelman through Imprima Korea Agency.

Music on the endpapers:
Farewell Symphony No. 45 in F#Minor, Joseph Haydn
Published by G.Henle Verlag, Munich, 1772
© Bärenreiter - Verlag Karl Vötterle GmbH & Co. KG
www.baerenreiter.com

이 책의 한국어판 저작권은 Imprima Korea Agency를 통해 Tom and Janice Shefelman과의 독점 계약으로 토마토하우스에 있습니다.
신저작권법에 의해 한국 내에서 보호를 받는 저작물이므로 무단 전재와 무단 복제를 금합니다.

1판 1쇄 펴낸날 2015년 2월 15일

값 13,000원
ISBN 978-89-97313-58-7　77840

- 잘못 만들어진 책은 구입하신 서점에서 바꿔드립니다.
- 이 도서의 국립중앙도서관 출판시도서목록(CIP)은 서지정보유통지원시스템 홈페이지(seoji.nl.go.kr)와
  국가자료 공동목록시스템(www.nl.go.kr/kolisnet)에서 이용하실 수 있습니다. (CIP제어번호: CIP2015004021)

CHANGPO design group **031.955.2082**